ellermann

Maren von Klitzing wurde in Hamburg geboren. Sie hat als Redakteurin für ein Kinder-Umweltmagazin gearbeitet und schreibt seit 2001 Bücher für Kinder und Jugendliche. Mit ihrer Familie lebt sie in Hamburg.

Daniela Kunkel wurde 1983 am Niederrhein geboren und studierte an der Fachhochschule Münster Design mit dem Schwerpunkt Illustration.

ellermann im Dressler Verlag GmbH · Hamburg
© Dressler Verlag GmbH, Hamburg 2014
Alle Rechte vorbehalten
Einband und farbige Illustrationen von Daniela Kunkel
Druck und Bindung: Offizin Andersen Nexö, Leipzig
Printed 2015
ISBN 978-3-7707-2921-0

www.ellermann.de

Maren von Klitzing

Zauberhafte Vorlesegeschichten

Prinzessinnen, Feen, Meerjungfrauen

Bilder von Daniela Kunkel

ellermann im Dressler Verlag GmbH · Hamburg

Die Vorlese-Mitmach-Reihe

Vorlesen heißt in kleinen Geschichten die Welt entdecken. Vorlesen heißt Nähe und Geborgenheit genießen; und ganz nebenbei die kindliche Sprachentwicklung fördern. Kinder wollen erzählen, entdecken und aktiv werden. Deshalb finden Sie in diesem Buch viele lustige Ideen zum Mitmachen.

Erzählen! – Rätselfragen und Gesprächsanlässe
Die Fragen mit der Sprechblase als Symbol laden zum Erzählen ein. Bei der Beantwortung geht es nie um ein richtig oder falsch, sondern darum, mit den Kindern ins Gespräch zu kommen und ihren eigenen Gedanken Raum zu geben.

Entdecken! – Suchbilder und mehr
Die Fragen und Ideen mit der Lupe als Symbol laden zum Suchen und Entdecken ein. Bei manchen Fragen geht es darum, das Gehörte in den Bildern wiederzuentdecken. Andere Fragen erzählen die Geschichten weiter und beflügeln so die Fantasie

Aktiv werden! – Kleine Bewegungsspiele und Aktionsideen
Die Ideen mit der Hand als Symbol regen zum Aktivwerden an: zum Spielen, Bewegen, Lachen und Sachen machen. Kinder werden so Teil der Geschichte.

Und für alle, die noch mehr wollen, gibt es am Ende jeder Geschichte eine besondere Aktionsidee. Sie erkennen sie an diesem Schild:

Magischer Knotentrick

Mal ist diese Idee **ein Rezept**, mal **eine Bastelidee** oder **ein Spiel**. So können Sie gemeinsam noch länger in der Geschichte bleiben.

Jedes Kind ist anders ...

... und kann unterschiedlich lange zuhören. Deshalb sind die Geschichten in diesem Buch unterschiedlich lang. Die Fragen und Ideen zum Mitmachen eignen sich gut dazu, die Kinder wieder in die Geschichte zu holen.

... und hat seinen eigenen Kopf. Wählen Sie deshalb die Fragen und Mitmach-Ideen je nach Zuhörer aus. An den unterschiedlichen Symbolen erkennen Sie schnell, um was für eine Art von Frage es sich handelt.

... und jeder Vorleser auch. Entscheiden Sie selbst, ob Sie die Fragen vorlesen oder in eigene Worte fassen.

... und jede Vorlesesituation auch. Sie haben viel oder wenig Zeit, sitzen auf dem Sofa oder liegen schon im Bett. Deshalb bleibt es ganz Ihnen überlassen, welche Fragen Sie stellen möchten. Die Geschichten können auch ganz ohne Fragen vorgelesen werden.

Inhaltsverzeichnis

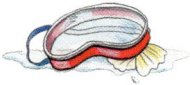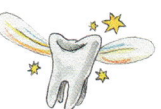

Prinzessin Karlotta
und der verwunschene Prinz

Prinzessin Karlotta liebt das Angeln. Wann immer es geht, schleicht sie sich aus dem Schloss und stapft in den Gummistiefeln ihres Vaters, des Königs, zum Waldsee. Das Leben einer Prinzessin kann ganz schön anstrengend sein: Ständig ist Karlotta mit ihren Eltern auf irgendwelche Feste eingeladen. Dort muss sie mit vielen Leuten sprechen und zu allen sehr nett sein. Beim Angeln dagegen darf Karlotta schweigen, sie kann auf das Wasser schauen und dem Zwitschern der Waldvögel lauschen. Und wenn Karlotta mal aus Versehen einen Fisch fängt, wirft sie ihn gleich wieder zurück ins Wasser. Sie angelt nämlich viel lieber alte Gummireifen, Schuhe oder Bretter. Diese Sachen bringt sie in ihr kleines Baumhaus, das niemand außer ihr kennt.

Weißt du, welche Tiere am See leben?

Was hat Karlotta heute schon geangelt?

Eines Tages trifft Karlotta beim Waldsee einen Frosch. Er sitzt auf einem Stein im See und macht „Quak".

„Von dir habe ich schon gehört", sagt Karlotta und wirft ihre Angel aus. „Du bist der Frosch, den die Prinzessin küsst. Und der sich daraufhin in einen Prinzen verwandelt."

„Quak", macht der Frosch.

„Am Ende heiraten der Prinz und die Prinzessin", sagt Karlotta. „Aber weißt du was? Ich will gar nicht heiraten. Ich bin doch erst sieben."

„Quak", macht der Frosch.

Sei ein Frosch.
Mach einmal ganz
laut „Quak"!

Karlotta blickt auf den See, dann auf den Frosch. Sie überlegt: Ob sich der Frosch tatsächlich in einen Prinzen verwandelt, wenn sie ihn küsst? Karlotta legt entschlossen die Angel zur Seite. Sie ist einfach zu neugierig! Vorsichtig nimmt sie den Frosch auf die Hand.

„Quak", macht der Frosch. Karlotta gibt ihm schnell einen dicken Kuss auf den Kopf. Und tatsächlich – der Frosch verwandelt sich vor Karlottas Augen in einen waschechten Prinzen.

Würdest du einen Frosch küssen?

„Geschafft!", sagt der Prinz, der nun vor ihr im Wasser steht. Seine goldenen Stiefel sind ganz nass, aber das scheint er nicht mal zu merken. Er macht eine tiefe Verbeugung. „Mein Name ist Prinz Anton", sagt er. „Ich freue mich sehr."

„Ich bin Karlotta", sagt die Prinzessin. „Warum freust du dich denn so?"

„Weil ich kein Frosch mehr bin", erklärt Prinz Anton. „Und weil du gesagt hast, dass du nicht heiraten willst. Ich will das nämlich auch nicht, denn ich bin erst acht."

„Gut", sagt Karlotta. Sie blickt wieder auf das Wasser. Plötzlich zieht etwas sehr Schweres an ihrer Angel. Karlotta stemmt ihre Füße in den Boden. Beinahe wäre sie in den See gefallen.

„Fass mal mit an!", sagt sie zu Anton. Der greift die Angel, und gemeinsam ziehen die beiden etwas aus dem See.

Rate mal! Was könnte das sein?

„Das ist ja ein alter, verbeulter Kochtopf", sagt Karlotta und lacht. „Den kann ich gut für mein Baumhaus gebrauchen."

„Du hast ein Baumhaus?", fragt Anton, und seine Augen leuchten auf.

Was entdeckst du alles beim Baumhaus?

„Wenn du willst, zeige ich es dir", sagt Karlotta. Sie klemmt sich die Angel unter den Arm, und Anton nimmt den Topf. Über einen kleinen Trampelpfad gelangen sie zu Karlottas Baumhaus. Es ist noch viel schöner, als Anton gedacht hat. Karlotta und Anton spielen Indianer, und der Topf ist eine prima Trommel. Als Karlotta zurück in das Schloss muss, verabredet sie sich mit Anton für den nächsten Tag. Und dann für den übernächsten. Von nun an spielt Karlotta fast immer mit Anton im Baumhaus. Oder sie angeln gemeinsam im Waldsee. Karlotta und Anton werden richtig gute Freunde. Als sie erwachsen sind, heiraten sie doch noch. Und wenn sie nicht gestorben sind, sieht man sie noch heute frühmorgens mit ihren Angeln am Waldsee stehen, auf das Wasser blicken und den Waldvögeln lauschen.

Armer, kleiner Frosch

Dieses Spiel kannst du zusammen mit deinen Freunden spielen. Ihr müsst mindestens zu dritt sein.

So wird's gemacht

Wählt aus, wer von euch der Frosch ist. Bildet einen Kreis. Der Frosch setzt sich in die Mitte. Dann hüpft er auf eines der Kinder zu. Mit trauriger Miene macht der Frosch „Quak!". Dazu zieht er ganz lustige Grimassen. Das Kind, das ihm gegenübersitzt, streichelt den Frosch und sagt: „Ach, du armer, kleiner Frosch." Aber Vorsicht, wenn der Frosch sein Gegenüber zum Lachen bringt, ist dieses Kind der nächste „Arme, kleine Frosch".

Verhextes Wetter

„Was ist denn hier los?", murmelt Greta, als sie aus dem Fenster blickt. „Es schneit", sagt Noah, Gretas kleiner Bruder. Was leicht untertrieben ist, denn es schneit wie verrückt. Alles ist unter einer dicken Schneeschicht begraben – und das mitten im Juni! Die Pflanzen, die bis gestern fröhlich blühten, lassen heute ihre Köpfe hängen. Und kein Vogel traut sich aus seinem warmen Nest. Hinter dem Gartenzaun dagegen ist alles anders: Bei den Nachbarn scheint die Sonne. Die Kinder spielen Fangen, und auf dem Rasen stehen Liegestühle. „Das ist mal wieder typisch Luzie!", schimpft Greta. Luzie, das ist die kleine grasgrüne Elfe, die im Garten von Greta und ihrer Familie lebt. Von früh bis spät heckt Luzie Streiche

Was ist anders bei den Nachbarn?

aus. Manchmal ist es ganz schön anstrengend, eine Elfe im Garten zu haben, findet Greta. Wo steckt sie überhaupt?

Greta presst die Nase ans Fenster und sucht mit den Augen jeden Strauch und jede Blume im Garten ab. „Siehst du Luzie irgendwo?", fragt sie ihren Bruder.

„Da ist sie!", sagt Noah und zeigt mit dem Finger auf ein Gebüsch. Die Gartenelfe steht auf einem Rhododendronblatt und sieht sehr zufrieden aus. Sie schaut sich nach allen Seiten um und klatscht begeistert in die Hände. Greta schüttelt ärgerlich den Kopf. Sie läuft zum Kleiderschrank und zerrt die alten Schneeanzüge hervor. Noah bekommt eine Wollmütze auf den Kopf, und auch Greta zieht sich richtig warm an. Dann kann es losgehen. Als sie die Haustür öffnen, schlägt ihnen ein wildes Schneegestöber entgegen. Dick eingemummelt kämpfen sie sich durch den Schneesturm bis zur Elfe vor.

„Luzie, was hast du wieder angestellt?" Greta stemmt die Arme in die Seiten.

„Angestellt?", fragt Luzie zurück und kichert. „Du hast recht. Ich habe den Winterknopf angestellt. Toll, was?"

„Aber wir wollten heute Fußball spielen", sagt Greta. „Jetzt holen wir wohl besser den Schlitten aus dem Keller." Sie wischt sich ärgerlich eine Schneeflocke aus dem Gesicht.

„Mir ist kalt", sagt Noah. Er hat auch schon eine ganz rote Nase. „Kannst du es bitte wieder wärmer zaubern?"

„Nö", sagt Luzie. Ihre Augen blitzen übermütig. „Den Wetterzauber habe ich jetzt genug geübt."

Findest du die Gartenelfe schneller als Greta?

Schüttele auch einmal den Kopf.

Was kann man bei Schnee noch alles machen?

„Komm schon, Luzie", sagt Greta. „Mach bitte, dass es wieder warm und sonnig wird."

„Und dass wir auf dem Rasen spielen können", sagt Noah.

„Na gut, wenn ihr unbedingt wollt." Luzie zuckt die Schultern. „Da gibt es nur ein kleines Problem. Gartenelfen können bei Kälte nämlich nicht zaubern."

„Ist das wahr?" Greta mustert die Elfe.

„Muss es jetzt für immer Winter bleiben?", fragt Noah ängstlich.

„Genau", sagt Luzie vergnügt. „Aber vielleicht fällt mir ein Ausweg ein. Darüber muss ich direkt mal nachdenken." Die Gartenelfe setzt sich auf den Blattrand und baumelt mit den Beinen. Besonders besorgt sieht sie nicht gerade aus. Ganz anders Noah. Seine Augen füllen sich mit Tränen. „Ich will, dass wieder Sommer wird", sagt er.

„Ich auch", sagt Greta leise.

Da springt die Gartenelfe auf. Ihre zarten grünen Flügel flattern aufgeregt auf und ab. „Ich hab's!" Luzie kann sich ein Grinsen nicht verkneifen. „Jemand müsste es mir warm und gemütlich machen. Dann könnte ich auch wieder zaubern."

„Verstehe", sagt Greta grummelnd und nimmt vorsichtig die Elfe vom Blatt. Sie trägt Luzie ins Haus. Drinnen macht Greta eine Wärmflasche, auf die sie die Elfe setzt.

„Schon besser?", fragt sie.

„Ein klitzekleines bisschen", sagt Luzie und streckt sich auf der Wärmflasche aus. Dann zeigt sie auf ihren Bauch. „Hier ist es aber noch schrecklich kalt." Also kocht Greta ihr einen heißen Kakao.

Welche Jahreszeit magst du am liebsten?

16

Sie füllt etwas in einen Fingerhut ab und gibt ihn der Elfe.

„Ist dir jetzt endlich wärmer?", fragt Noah ungeduldig.

„Wärmer schon", sagt Luzie. „Aber noch lange nicht warm."

Greta und Noah warten und warten. Es scheint ziemlich lange zu dauern, bis Elfen aufgewärmt sind. „Und was sollen wir jetzt machen?", fragt Greta schließlich.

Luzie nimmt einen letzten Schluck Kakao und wischt sich mit ihrer kleinen Hand über den Mund. „Wir könnten mit euren Spielsachen spielen."

„Von mir aus", entgegnet Greta. „Draußen ist es sowieso zu kalt. Kommt, wir gehen in mein Zimmer."

Als Luzie in Gretas Zimmer kommt, entdeckt sie als Erstes die Puppenstube. Greta hat sie an ihrem fünften Geburtstag bekommen. Neugierig schaut sich die Gartenelfe das winzige Wohnzimmer an, die Küche und das Schlafzimmer. Luzie zeigt auf ein viereckiges Möbelstück. „Was ist denn das?"

Was machst du, wenn dir langweilig ist?

Was hat Luzie entdeckt?

Kennst du Tiere, die im Garten übernachten?

Streck deine Arme auch einmal so richtig aus!

„Ein Bett", sagt Greta. „Darin kann man schlafen. Man schlüpft einfach unter die Decke und hat es kuschelig und warm."

„Ich schlafe immer draußen, in den Blumen", sagt Luzie. „Da gibt es keine Decken. Und es ist kein bisschen kuschelig und warm."

„Wollen wir jetzt spielen?", fragt Noah, aber Luzie schüttelt den Kopf. „Ich möchte viel lieber schlafen, in diesem Blatt, äh, Bett." Die kleine Gartenelfe kriecht unter die Decke. Sie lächelt glücklich. Noch nie hat sie so weich und gemütlich gelegen.

Nach dem Schläfchen fühlt sich Luzie wunderbar ausgeruht. Sie streckt sich genüsslich. Jetzt ist ihr auch gar nicht mehr kalt. „Ich könnte doch eigentlich öfter bei euch wohnen", sagt die Gartenelfe. Aber Greta schüttelt den Kopf.

„Das geht leider nicht", sagt sie. „Es reicht schon, dass du alles in unserem Garten verzauberst. Wie soll das erst werden, wenn du in unserem Haus wohnst?"

„Und wenn ich verspreche, dass ich euch keine Streiche mehr spiele?", fragt Luzie. „Ich zaubere nur noch, was ihr euch wünscht."

„Echt?", fragt Noah.

„Versprochen?", fragt Greta.

„Großes Elfenehrenwort!", sagt Luzie und hebt ihre Hand.

„Na gut", sagt Greta. „Und jetzt zaubere bitte als Erstes den Sommer zurück."

Luzie fliegt hinaus. Im Garten setzt sie sich auf ein Rosenblatt. Und endlich zaubert sie alles wieder grün. Die Sonne schmilzt den Schnee, die Blumen öffnen ihre Blüten, und die Vögel zwitschern ein Lied. Aber das ist noch nicht alles. Denn von nun an ist es in

Gretas und Noahs Garten immer schön warm. Selbst im November, wenn es bei den Nachbarn regnet und stürmt. Und wenn Luzie, Greta und Noah keine Lust haben, draußen zu spielen, gehen sie in ihre Kinderzimmer. Langweilig wird es ihnen mit Luzie jedenfalls nie. Manchmal ist es eben gar nicht so schlecht, eine Gartenelfe im Haus zu haben.

Aufwärm-Trunk für Elfen und alle anderen

Ein leckerer Kakao tut nicht nur Gartenelfen gut. Koch dir auch mal eine Tasse – aber lass dir von einem Erwachsenen dabei helfen.

Du brauchst

Milch (so viel, wie in eine Tasse passt)
2 Teelöffel Kakaopulver
2 Teelöffel Zucker
einen Schneebesen

So wird's gemacht

Gib die Milch in den Topf und erwärme
sie auf dem Herd. Das Kakaopulver und
den Zucker gibst du in ein kleines Schälchen.
Verrühre den Kakao und den Zucker mit zwei Esslöffeln Milch aus dem Topf. So lange, bis es keine Klumpen mehr gibt.
Kippe die Kakaomasse in die warme Milch. Verrühre alles mit dem Schneebesen, bis der Kakao schön heiß ist.

Der Feenzauber

Maja blickt in den Spiegel und seufzt. Dort, wo ihre Flügel hätten
sein sollen, ist – nichts. Abgesehen natürlich von ihrem Rücken.
„Mist!", flucht Maja leise, rückt dichter an den Spiegel und blickt
noch einmal über ihre Schulter. „Verflixt!" Nicht mal ein winziger
Flügelansatz ist zu sehen. Dabei wünscht sich Maja nichts so sehr,
wie eine echte Fee zu sein. Deshalb läuft sie jeden Morgen als Erstes ins Bad. Um zu schauen, ob sie sich endlich verwandelt hat.
Doch auch heute sieht sie im Spiegel nur ein ganz normales Mädchen, das in den Kindergarten geht und sich nun mit dem Anziehen beeilen muss. Maja trottet mit hängendem Kopf zurück in ihr
Zimmer. Das ist ein richtiges
Feenreich. Überall
an den Wänden

Wärst du auch
gerne eine
echte Fee?

Wie viele Bilder
zählst du?

Wo sind Majas Pup-
pen? Findest du sie?

hängen Bilder. Die meisten hat Maja selbst gemalt. Sie zeigen sie als Fee, wie sie durch die Lüfte schwebt und ihren Zauberstab schwingt.

Den Puppen in Majas Zimmer hat Mama Flügel angenäht. Die Puppenhaare schimmern silbern und golden, weil Maja ihnen Glitzer in die Haare gestreut hat, damit sie zauberhafter aussehen und nicht bloß wie gewöhnliche Puppenkinder. Ihre Lieblingspuppe ist im Gesicht blau angemalt, denn sie ist eine Wassernixe, und Wassernixen sind eng mit den Feen verwandt.

Manchmal malt sich auch Maja an. Aber an diesem Morgen ist Mama dagegen. „Bitte keine Verkleidung", sagt sie zu Maja. „Nachher kommt Oma, und die erschreckt sich bestimmt, wenn du ganz blau im Gesicht bist."

Als Mama Maja nachmittags aus dem Kindergarten abholt und sie zu Hause ankommen, ist Oma schon da. „Du bist aber groß geworden", sagt Oma und breitet ihre Arme aus. Sie drückt ihre kleine Enkelin ganz fest und gibt ihr ein Küsschen auf die Wange. Danach greift Oma hinter sich und überreicht Maja ein Paket. „Ich habe dir etwas mitgebracht", sagt sie und lächelt geheimnisvoll.

Maja betrachtet das Geschenk. Ihr Herz schlägt schneller, als sie das Geschenkpapier sieht. Es sind lauter kleine Elfen darauf aufgedruckt.

„Oh, Oma", ruft Maja. Vorsichtig löst sie das Papier ab. Darunter kommt ein Zauberkasten zum Vorschein.

„Ich habe gehört, dass du gern zaubern lernen würdest", sagt Oma. „Damit könntest du schon mal üben."

Maja packt einen dünnen Zauberstab aus Plastik, eine Packung Spielkarten und mehrere Schnüre aus. „Damit soll man zaubern können?", fragt sie unsicher.

„Na ja, natürlich nicht richtig", erklärt Mama. „Aber du könntest ein paar Tricks lernen, damit es wie Zauberei aussieht."

Verkleidest du dich gerne?

Mama fischt sich das Heft mit den Anleitungen aus dem Karton. „Warte, ich schau gleich mal nach, wie das geht."

Maja packt die Sachen zurück in den Zauberkasten. „Ich will aber keine blöden Tricks lernen. Ich will richtig zaubern können, so wie die Feen", sagt sie.

Mama liest immer noch die Anleitung. „Oma hat dir so ein schönes Geschenk gemacht", murmelt sie. „Ich würde mich darüber freuen."

Was entdeckst du noch im Paket?

„Ich freue mich doch auch", sagt Maja schnell, denn sie möchte ihre Großmutter nicht enttäuschen. Oma zwinkert ihr zu und zeigt auf das Paket. Maja untersucht es noch einmal ganz genau. Zwischen dem Packpapier findet sie noch ein Buch über Elfen. Oma lächelt. „Wenn du willst, lese ich dir heute Abend daraus vor."

„Super!", ruft Maja und umarmt ihre Oma. Sie liebt es, wenn Oma ihr vorliest.

„Übrigens weiß ich jetzt, wie der Knotentrick geht", sagt Mama und hält die Schnüre in die Luft. „Passt mal auf!" Sie macht zwei dicke, feste Knoten, pustet darauf und zupft ganz leicht an der Schnur. Schon lösen sich die Knoten wie von Zauberhand. Oma und Maja staunen. Sie wollen unbedingt wissen, wie der Zaubertrick funktioniert. Mama zeigt es ihnen, und gemeinsam üben sie bis zum Abend. Und obwohl es keine richtige Zauberei ist, macht es allen viel Spaß. Sogar Maja!

24

Als es Schlafenszeit wird, gehen Mama und Papa ins Kino. Oma und Maja machen es sich mit dem Buch in Majas Bett gemütlich. „Es war einmal eine kleine Fee", beginnt Oma vorzulesen. „Die kleine Fee wünschte sich nichts sehnlicher, als ein kleines Mädchen zu sein." Maja kuschelt sich enger an Oma und hört ihr aufmerksam zu. Oma liest weiter: „Eines Tages fand sie in einem staubigen, dicken Buch den passenden Zauberspruch: ‚Simsala bimsala dim, ich wünsche, dass ich ein Mädchen bin.'"

Maja bekommt vor Aufregung rote Ohren, als sie das hört. Natürlich! Das ist die Erklärung. Sie hatte die ganze Zeit vergessen, einen Zauberspruch aufzusagen. Maja überlegt. Wenn sich eine Fee in ein Mädchen verzaubern kann, dann ist es vielleicht auch möglich, dass sich ein Mädchen in eine Fee verzaubert, oder? Nachdem Oma die Geschichte zu Ende gelesen hat, fängt Maja an zu gähnen und reibt sich die Augen.

„Nanu? Möchtest du etwa schon schlafen?", fragt Oma erstaunt.

„Uuaah", gähnt Maja wieder. „Ich bin sooo müde."

„Tja, wenn das so ist." Oma schlägt das Buch zu, deckt Maja behutsam zu und gibt ihr ein Küsschen auf jede Wange. Kaum hat Oma das Zimmer verlassen, schlägt Maja die Bettdecke zurück und huscht ins Badezimmer. Als sie vor dem Spiegel steht, bringt sie vor Aufregung nur ein heiseres Räuspern hervor. Sie versucht es noch einmal. „Simsala bimsala dim, ich wünsche, dass ich eine Fee bin", sagt sie mit zitternder Stimme. Gespannt wartet sie. Erst spürt sie nur ein Kribbeln am Rücken, und dann wird es dort ganz

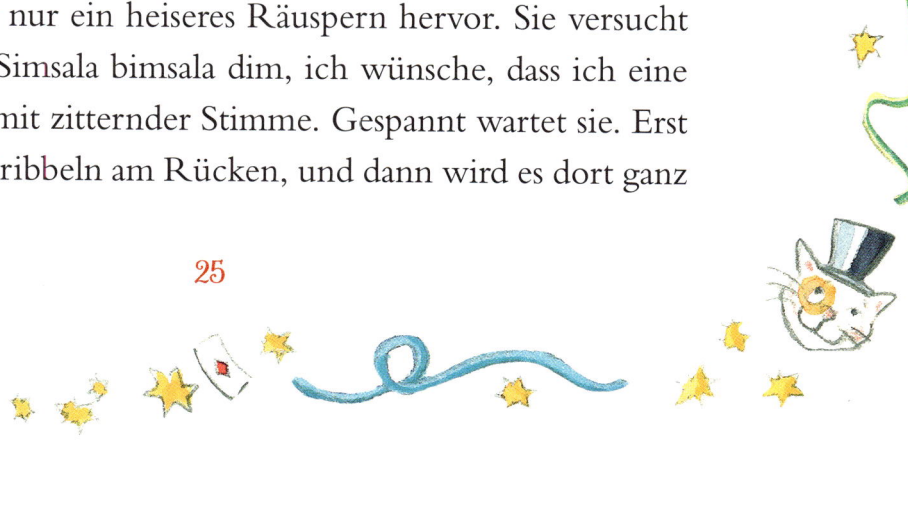

warm. Sie kann sehen, wie ihr tatsächlich ein paar zarte, feine Flügel wachsen. Maja fühlt sich immer leichter – und auf einmal schwebt sie über dem Boden. Sie steigt höher und höher. Plötzlich merkt sie, dass sie einen Zauberstab in der Hand hält. Sie schwingt den Zauberstab – und die Badezimmertür öffnet sich wie von selbst. Maja schwebt hinaus und macht einen kleinen Rundflug durch die Wohnung. Im Wohnzimmer sitzt Oma vor dem Fernseher. Maja hebt den Zauberstab und sagt leise: „Simsala bimsala dis, ich wünsche, dass Oma eine Fee ist." Oma dreht sich erschrocken zu Maja um. „Du lieber Himmel, was machst du denn in der Luft?", ruft sie. „Du stößt ja gleich an die Zimmerdecke!" Doch bevor Maja ihr alles erklären kann, fängt auch Oma an zu schweben. „Maja, was ist hier los?", fragt sie. „Hast du mich etwa verzaubert?"

„Ich glaube schon", antwortet Maja verlegen. „Schlimm?"

Hebe elegant den Arm über den Kopf wie eine Tänzerin!

„Nö, eigentlich nicht." Oma bewegt sich wie eine Tänzerin. Sie hat zwei wunderschöne, bunt schimmernde Flügel. „So leicht habe ich mich schon lange nicht mehr gefühlt", sagt sie verwundert. „Es gefällt mir, eine Fee zu sein."

„Dann ist ja gut." Maja ist erleichtert. Vor Freude macht sie ein paar Purzelbäume. „Was hältst du von einem kleinen Rundflug, Oma?"

„Von so etwas habe ich immer geträumt", kichert Oma. Sie flattert einmal um die Zimmerlampe. „Also, ich wäre dabei!" Und so schweben die beiden verzauberten Feen zur Terrassentür hinaus und fliegen durch die Nacht. Es ist wunderschön, alles von oben

Wen hat Maja noch verzaubert?

26

zu sehen. Die Straßenlaternen funkeln wie kleine Diamanten in der Dunkelheit, und das Flüsschen schimmert wie ein silbernes Band. Erst spät in der Nacht kehren sie wieder zurück. Mama und Papa schlafen längst. Oma schlüpft sofort in ihr Bett. „Wenn du mich jetzt bitte wieder in eine Großmutter verwandeln würdest", sagt sie und gähnt.

„Geht in Ordnung." Maja murmelt einen Zauberspruch. Keine Minute später ist Oma auch schon eingeschlafen. Auch Maja verwandelt sich zurück, kriecht unter die Bettdecke und schläft auf der Stelle ein.

Als sie am nächsten Morgen vor dem Badezimmerspiegel steht, sieht sie wieder ein ganz normales Mädchen, das in den Kindergarten geht und sich mit dem Anziehen beeilen muss. Aber diesmal macht Maja das gar nichts aus. Sie hüpft vergnügt zurück in ihr Kinderzimmer. Wenn es Abend wird, kann sie sich wieder in eine Fee verwandeln. Und wer weiß, vielleicht hat ja auch Oma Lust, sie auf ihrem Nachtflug zu begleiten.

Magischer Knotentrick

Diesen einfachen Knotentrick kannst du auch bald vorführen.

Du brauchst

eine dicke Schnur oder ein Seil (etwa halb so lang wie du und so dick wie ein Springseil)

So wird's gemacht

Mache vorher in das eine Seilende einen dicken Knoten (das darf aber niemand sehen!).

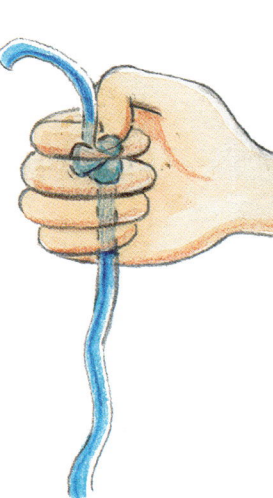

Du hältst das Seil so, dass der Knoten in deiner Hand versteckt ist. Das Seil hängt gerade nach unten. Deine Zuschauer sehen, dass kein Knoten im Seil ist.

Du sagst: „Verehrtes Publikum, ich zaubere einen Knoten in das Seil!" Dabei nimmst du nun auch das andere Ende des Seils in die Hand.

Du murmelst: „Fliegendreck und Schlangenei, Zauberfee, komm schnell herbei!" Gleichzeitig machst du mit der freien Hand ein paar magische Bewegungen.

Lass das Seilende los, in dem der Knoten ist. Und siehe da, du hast den Knoten in das Seil gezaubert!

Damit dir der Trick gut gelingt, übe ihn am besten vor dem Spiegel (aber pass auf, dass du dich dabei nicht in eine Fee verwandelst).

Meerjungfrauenmusik

Es sind Ferien. Ole wohnt mit seinen Eltern in einem kleinen roten Haus am Meer. Wie immer ist er morgens als Erster wach. Leise zieht er sich an. Mama und Papa schlafen noch. Ole läuft barfuß durch den Flur. Er öffnet die Haustür und schließt sie vorsichtig hinter sich. Er hört das Kreischen der Möwen, und die Luft schmeckt nach Salz. Ole mag es, am Meer zu sein.

Schnell läuft er zu seiner Lieblingsbucht, die ganz in der Nähe liegt. Schon ist er da. Hinter einem kleinen Felsen lässt er sich in den weichen Sand plumpsen. Er ist ganz allein am Strand. Allein? Aber woher kommen die vielen Stimmen? Ole späht hinter dem Felsen hervor. „Das gibt's doch nicht", flüstert er. In der Bucht tummeln sich lauter Meerjungfrauen! Sie lachen, kichern, glucksen und planschen im Meer. „Lasst uns was singen", ruft eine wunderschöne Meerjungfrau mit algengrünen Haaren. Sie klettert auf einen Felsen am Strand. Die anderen Meerjungfrauen schwim-

Wie viele Meerjungfrauen entdeckst du?

men ans Ufer und setzen sich dicht um sie herum. Ihre Fischschwänze schillern im Sonnenlicht, und die Wassertropfen in ihren Haaren glitzern wie kleine Perlen. Ole schleicht sich heimlich heran. Die Meerjungfrau auf dem Felsen hebt die Hand. „Und eins und zwei und drei", zählt sie vor.

„La, le, lu, laba daba da", singen die Meerjungfrauen mit silberhellen Stimmen. Ole singt einfach mit. Er kann gar nicht anders. Er liebt Musik. Doch da hebt die grünhaarige Meerjungfrau die Hand. „Stopp!"

„Was ist denn, Miranda?" Die Meerjungfrauen gucken sich ratlos an.

„Hmm, ich weiß auch nicht. Lasst uns das Tintenfischlied singen", sagt die Meerjungfrau Miranda.

„Lalaila, lalila, lalula, die Tintenfischtinte war lila", singt der Chor – und auch Ole macht wieder mit: „Lalilala."

Die Meerjungfrau schüttelt den Kopf. „Merkwürdig. Irgendjemand singt falsch."

„Falsch?", fragt eine Meerjungfrau, die ganz vorn am Felsen sitzt. Ihr Haar ist blau wie das Meer, und ihr Fischschwanz schimmert in allen Regenbogenfarben. „Das Lied vom Tintenfisch singen wir doch immer so", sagt sie.

Ole bekommt einen tomatenroten Kopf. Er weiß, wer falsch gesungen hat. Derjenige, der den Text nicht kennt. Er räuspert sich. „Ähm, das war wahrscheinlich ich", sagt er und tritt vor. Er lächelt verlegen in die Runde. Einige Meerjungfrauen kichern.

„Wo kommst du denn her?", fragt Miranda. „Und wer bist du?"

Jetzt bist du an der Reihe! Zähle laut bis drei.

Weißt du, wer den Text nicht kennt?

31

In welchem Haus
wohnt Ole?

„Mein Name ist Ole. Ich wohne dahinten." Ole zeigt mit dem Finger auf das kleine Haus. „Und ich mag Musik."

„Soso", murmelt die Meerjungfrau und zupft an einer grünen Strähne.

„Leider kenne ich eure Lieder nicht, deshalb habe ich einfach so mitgesungen", sagt Ole.

„Du könntest uns ja auch bloß zuhören", sagt Miranda. „Wir singen nämlich sehr schön."

„Noch lieber würde ich aber mitmachen", sagt Ole.

„Ich habe eine Idee", sagt eine Meerjungfrau mit lustigen grünen

Augen. Sie drückt Ole eine große Muschel und einen Stock in die Hand. „Nimm doch die Muschel als Musikinstrument."

„Super", sagt Ole und grinst. Als die Meerjungfrauen ihr nächstes Lied singen, schlägt Ole den Takt auf der Muschel. Es macht richtig viel Spaß!

Während Ole später nach Hause geht, summt er ein Lied: „Lalaila, lalila, lalula, die Tintenfischtinte war lila." Ole lacht. Jetzt kann er den Text! Wenn er die Meerjungfrauen mal wieder trifft, wird er auf jeden Fall mitsingen.

Kennst du auch ein Instrument?

33

Musik für Meer und Land

Magst du Musik auch so gerne wie Ole? Zum Musikmachen eignet sich auch diese Kronkorken-Rassel. Lass dir beim Basteln von einem Erwachsenen helfen.

Du brauchst

viele Kronkorken
einen Hammer
einen Holzbohrer
einen Holzstab
4 lange Nägel (etwa 15 cm)

So wird's gemacht

Zuerst kommen die Löcher in die Kronkorken. Lege die Kronkorken dazu auf eine Unterlage (am besten ein Holzbrett). Schlage dann mit dem Hammer und einem Nagel jeweils ein Loch in die Mitte des Kronkorkens. Das sollte unbedingt ein Erwachsener tun. Anschließend bohrst du mit dem Holzbohrer vier Löcher in den Holzstab. Zwei in die eine Seite und zwei in die gegenüberliegende.

Ziehe nun die Kronkorken auf die Nägel auf. Drücke die Nägel mit den Kronkorken fest in die vorgebohrten Löcher.

Fertig ist deine Rassel!

Der Geburtstagswunsch

„Nun, was wünschst du dir zu deinem Geburtstag, mein Kind?", fragt der König seine Tochter. Annabell wird bald fünf Jahre alt, und sie ist eine Prinzessin. Und wie man weiß, bekommen Prinzessinnen immer alles, was sie haben möchten. Oder jedenfalls fast immer. „Ich wünsche mir ein Zebra", sagt die Prinzessin. „Das hat so tolle Streifen."

„Hmm", macht der König und runzelt die Stirn. Da muss er erst nachdenken. Es ist gar nicht so leicht, ein Zebra zu besorgen. Nicht einmal für einen König.

An Annabells Geburtstag ist der Ballsaal festlich geschmückt. Aus aller Welt sind Geschenke für die kleine Prinzessin gekommen. So

Entdeckst du, wer sich noch über Annabells Geschenke freut?

Welche Tiere sind
noch im Stall?

viele, dass sie fast an die Decke stoßen. Doch Annabell ist nicht
zufrieden. Sie zupft ihren Vater am Ärmel. „Wo ist mein Zebra?"

„Na, im Stall natürlich", sagt der König. „Wir wollen doch nicht,
dass es in den Ballsaal äppelt."

„Hurra!", ruft Annabell. Schnell läuft sie zum königlichen Stall. In
einer Pferdebox wartet das Zebra schon auf sie. Es sieht sehr hübsch

aus mit den schwarzen Streifen auf dem weißen Fell. „Ich will darauf reiten", sagt Annabell. Der Stallbursche sattelt das Tier, und
schon trabt Annabell auf dem Zebra über die Wiese. Es ist sehr

geduldig und kein bisschen wild. Zur Belohnung gibt Annabell ihm auf der flachen Hand eine Karotte. Wie weich die Nüstern des Zebras sind. „Das ist das beste Geschenk!", sagt die Prinzessin und umarmt den König. Doch plötzlich zieht eine dunkle Wolke auf. Dicke Tropfen prasseln herunter. Annabell traut ihren Augen nicht. Erst verlaufen die Zebrastreifen, und danach wäscht der Regen die Streifen ganz aus dem Fell. „Das ist gar kein Zebra!", schimpft Annabell. „Das ist nur ein ganz gewöhnliches Pony."

Der König hebt hilflos die Hände. „Ein Zebra habe ich aber nirgends bekommen", sagt er.

Annabell stampft wütend mit dem Fuß auf. „Dann wünsche ich mir eben ein Einhorn. Ein Pony hat nämlich jeder", sagt sie.

„Du liebe Zeit", murmelt ihr Vater. „Woher soll ich denn ein Einhorn kriegen?"

Würdest du dich das trauen?

Weißt du, wo Zebras leben?

„Du bist doch der König", sagt Annabell. „Warum schickst du nicht einen Ritter aus, der danach sucht?"

„Ich werde es versuchen", sagt der König und seufzt.

Nach ein paar Tagen ruft der König seine Tochter zu sich. „Annabell, ich habe ein Einhorn für dich. Wollen wir es uns ansehen?"

„Juchhu", ruft Annabell. „Ich habe es ja gewusst!" Gemeinsam gehen die beiden zum Stall. In der Pferdebox steht das Einhorn. Es ist schneeweiß und genauso groß wie das Zebra. An der Stirn hat es ein langes, gedrechseltes Horn. Als das Einhorn Annabell sieht, schnaubt es leise.

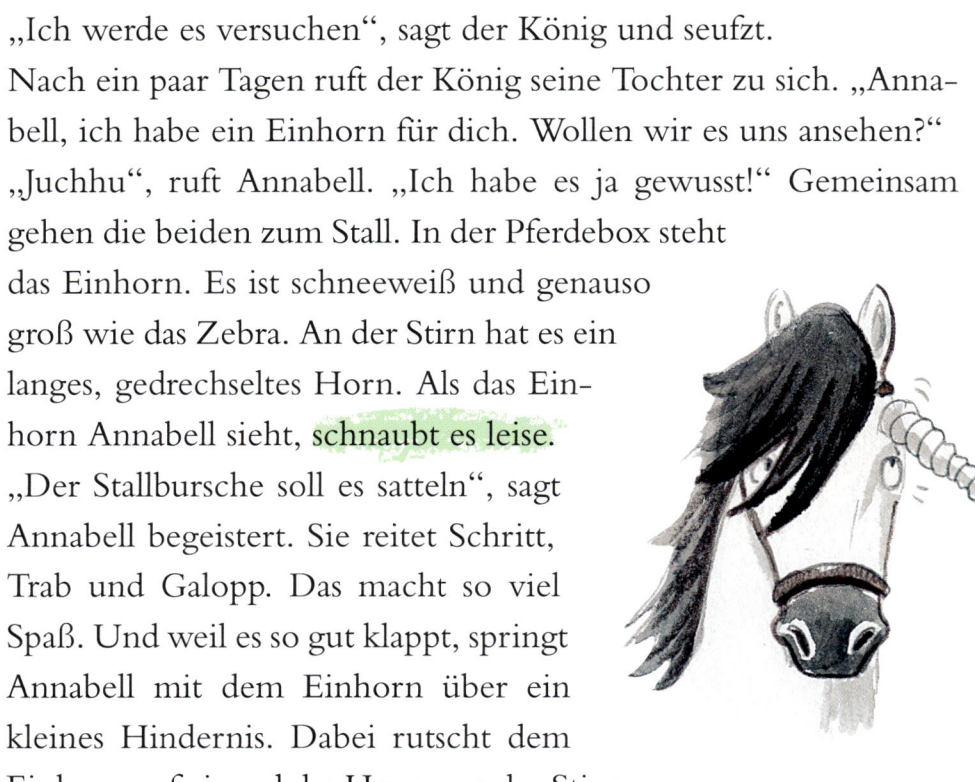

Schnaube auch einmal.

„Der Stallbursche soll es satteln", sagt Annabell begeistert. Sie reitet Schritt, Trab und Galopp. Das macht so viel Spaß. Und weil es so gut klappt, springt Annabell mit dem Einhorn über ein kleines Hindernis. Dabei rutscht dem Einhorn auf einmal das Horn von der Stirn.

Das darf doch nicht wahr sein! Annabell steigt ab und hebt das Horn auf. „Das ist wieder nur dieses Pony", sagt sie enttäuscht.

„Es gibt aber nun mal keine Einhörner. Das sind nur Märchen", sagt der König. „Aber gut. Wenn du das Pony nicht haben willst, wird es eben verkauft." Doch da wiehert das Pony leise und stupst Annabell an. „Verkaufen?", wiederholt Annabell und streichelt dem Pony über die Mähne. „Ach nein, ich will es lieber behalten", sagt sie und lächelt.

Glaubst du, dass es Einhörner gibt?

Seitdem ist Annabell fast immer bei ihrem Pony. Sie ist so glücklich und hat gar keine Zeit mehr, sich ausgefallene Geschenke zu wünschen.

Wünsch dir was

Gibt es etwas, was du dir ganz doll zum Geburtstag wünschst? Male ein Bild davon.

Der verflixte Hexenbesen

Betti ist eine Hexe. Und weil das so ist, hat sie auch einen Hexenbesen, den sie Hubert nennt. Der aber macht ihr jetzt Kummer. Schon seit Tagen hat er keine Lust mehr zu fliegen. Und das, obwohl doch bald Walpurgisnacht ist. Betti freut sich sehr auf das Hexenfest. Sie will mit ihren Hexenfreundinnen um das große Feuer reiten. Anschließend wird gegrillt und getanzt. Jede Hexe soll etwas Leckeres zum Fest mitbringen. Höchste Zeit für Betti, ihre Vorräte aufzufüllen. Also steckt sie ihr Portemonnaie in ihre Handtasche und klemmt sich ihre größte Tasche unter den Arm. „Hubert", sagt sie. „Der Kühlschrank ist leer, lass uns zum Einkaufen fliegen." Mit diesen Worten schwingt sie sich auf den Besenstiel und schlägt die Hacken zusammen. „Hopp!", ruft sie. Das ist das Startkommando. Aber was macht der Besen? Er schlägt aus – wie ein wildes Fohlen. Er bockt und biegt sich und wirft seine

Hilf Betti! Rufe laut und deutlich: „Hopp!"

Hexe im hohen Bogen ab. Betti plumpst unsanft auf den harten Fußboden. „He, was soll das?", ruft die Hexe empört. Sie hatte nicht einmal genug Zeit, um sich ein weiches Kissen unter den Po zu hexen. Na, das wird einen schönen blauen Fleck geben. Betti hebt drohend den Finger. „Wenn das so weitergeht, darfst du bald nur noch putzen!"

„Mir doch egal", sagt Hubert. Schmollend verzieht er sich in eine Zimmerecke. Dort steht er und rührt sich nicht vom Fleck. Betti denkt angestrengt nach. Was soll sie jetzt tun? Sie kann doch nicht zu Fuß zur Walpurgisnacht gehen, ganz ohne Besen. Und überhaupt: Wie sähe das denn aus? Eine Hexe, die um das Feuer läuft, während alle anderen durch die Luft fliegen?

Entdeckst du den Besen?

41

Betti greift zu ihrer Kristallkugel. Sie murmelt ein paar geheime Worte, und schon erscheint die Oberhexe. „Mein Besen mag nicht fliegen. Was soll ich nur machen?", fragt Betti.

„Hmm, lass mich nachdenken", sagt die Oberhexe und zupft sich am Kinn. „Vielleicht ist dein Besen kaputt und müsste mal in die Werkstatt?"

„Schon möglich", sagt Betti. „Kennst du eine gute Adresse?"

„Leider nicht", sagt die Oberhexe. „Aber ich höre mich um, vielleicht wissen die anderen Hexen etwas."

Das Bild in der Kugel erlischt. Betti seufzt. Wenn nicht einmal die Oberhexe helfen kann, steht es wirklich schlecht um ihren Hubert. Die Hexe sammelt die Tasche und das Portemonnaie vom Boden auf. Sie wirft ihrem Besen einen besorgten Blick zu. „Ich gehe jetzt zu Fuß zum Markt", sagt sie. „Soll ich dir etwas mitbringen?"

„Nö, hab keinen Hunger", sagt Hubert grummelnd.

„Bis später", sagt Betti und schlägt die Tür hinter sich zu. Auf der Straße ist sie sehr in Gedanken versunken. So sehr, dass sie beinahe eine Frau umläuft. „Verzeihung", murmelt Betti.

Ist dir auch schon einmal ein Missgeschick passiert?

„Ach, heute habe ich nichts als Pech", jammert die Frau. „Erst ist mein Auto kaputt, und dann werde ich auch noch auf der Straße angerempelt."

„Das tut mir leid", sagt Betti noch einmal. „Ich war in Gedanken versunken, weil mein Bes…, äh, mein Fahrzeug nicht funktioniert. Ich überlege die ganze Zeit, was ich dagegen tun kann."

Die Frau schaut Betti verblüfft an. „Aber warum bringen Sie es denn nicht in die Autowerkstatt? Da arbeiten Profis, die können alles reparieren."

„In die Autowerkstatt?" Bettis Miene hellt sich auf. Das ist die Lösung! Zum Dank zaubert sie der Frau rosa Brillengläser. Im rosa Licht sieht die Welt gleich ein bisschen freundlicher aus. Schnell läuft Betti nach Hause. „Jetzt weiß ich, wie ich dir helfen kann!", ruft sie, als sie vor dem Besen steht.

„Ach ja?", sagt der Besen matt. Es klingt nicht besonders fröhlich.

„Pass auf", sagt Betti. Sie breitet die Arme aus. Leise murmelt sie einen Zauberspruch: „Hokuspokus treticus" – und der Hexenbesen verwandelt sich in einen Tretroller. Jetzt hat der Besen Räder. So lässt er sich ganz leicht aus der Zimmerecke rollen. Im Treppenhaus nimmt Betti ihren Besen auf die Schulter. Sie trägt ihn drei Stock-

Zaubere mit. Breite die Arme aus und sage laut: „Hokuspokus!"

werke nach unten. Als Betti mit dem verzauberten Besen auf der Straße steht, sagt sie: „Hokuspokus auticus" – und der Tretroller wird zu einem Kleinwagen. Betti steigt ein, setzt sich ans Steuer und dreht den Zündschlüssel. „Öhö – öhö – öhö", stottert der Motor. Der Auspuff stößt eine große, schwarze Rauchwolke aus. Dann geht der Motor wieder aus. Betti lehnt sich aus dem Fenster. „Können Sie mir helfen und kurz mal anschieben?", fragt sie einen Mann. „Kein Problem", sagt er freundlich, und schon stellt er sich hinter das Auto und stemmt sein ganzes Gewicht dagegen. Betti gibt Gas, und endlich springt der Motor an. Betti kurbelt das Fenster runter und winkt dem netten Fußgänger zu. „Tausend Dank!", ruft sie. Und als sich der Mann darüber wundert, wie leicht und schnell seine Schritte auf einmal sind, entdeckt er winzige Flügel an seinen Turnschuhen. Betti hat sie ihm zum Dank angehext. Der verzauberte Besen bleibt noch zweimal stehen. Aber schließlich erreicht er sein Ziel und rollt auf den Parkplatz einer Autowerkstatt. „Na, will er nicht so recht?", fragt ein Automechaniker in einer blauen Latzhose, als Betti aus dem Auto steigt.

„Mein Be…, äh, mein Auto ist kaputt", sagt Betti. „Können Sie mir helfen?"

„Klaro", sagt der Mann. „Dafür bin ich ja da."
Er fährt das Auto zur Hebebühne. Er drückt auf einen Knopf, und der verzauberte Besen wird in die Luft gehoben. Der Automechaniker überprüft alles sehr gründlich.

Welches Werkzeug entdeckst du in seiner Tasche?

„Kein Wunder, dass Ihr Wagen nicht fährt", sagt er nach einer Weile zur Hexe. „Es sind gleich mehrere Schrauben locker." Der Automechaniker holt seinen Werkzeugkoffer und arbeitet am Motor. Er wechselt ein paar Kabel, ölt und schraubt. Betti sieht sich in der Autowerkstatt um. „Ist das hier ungemütlich", murmelt sie. Geschwind zaubert sie frische Geranien in die herumliegenden Autoreifen und ein paar Rosenbüsche in die leeren Tonnen. Zarter Rosenduft breitet sich in der Werkstatt aus, in der es sonst nur

Was hat Betti noch alles verhext?

45

nach Motoröl riecht. Schließlich ist der Automechaniker fertig. Er fährt den verzauberten Besen mit der Hebebühne wieder runter. Zufrieden wischt er sich die öligen Hände an seiner Hose ab. „Das hätten wir", sagt er. „Jetzt ist Ihr Auto wieder wie neu."

Betti setzt sich an das Steuer und dreht den Zündschlüssel. Der Motor springt sofort an. Diesmal stottert er nicht. Er schnurrt wie ein Kätzchen. Und als Betti das Gaspedal auch nur leicht antippt, fährt der verzauberte Besen los. Betti macht eine Proberunde auf dem Parkplatz. Hui, wie schnell das Auto fährt! Betti ist sehr zufrieden. Sie bedankt sich bei dem Automechaniker und bezahlt die Rechnung. Betti stellt sich vor ihr Auto, hebt die Arme und sagt: „Hokuspokus besicus" – und schon wird aus dem Auto wieder der Hexenbesen. Der Automechaniker macht große Augen. Betti steigt auf ihren Besen. „Hopp!", ruft sie und knallt die Hacken zusammen. Der Besen fliegt los. Verwundert verfolgt der Automechaniker, wie Betti auf ihrem Besen fast bis zu den Wolken aufsteigt. „Jippieeh!", ruft der Besen und dreht übermütig ein paar Saltos. Betti lacht. „Ich glaube, du bist wieder gesund", sagt sie, und dann fliegen sie mit den Schwalben um die Wette. Als sie wieder landen, schüttelt der Automechaniker den Kopf. „Sagen Sie mal, habe ich das eben etwa geträumt?", fragt er verwirrt.

„Ach was", sagt Betti und kichert. „Es ist alles wahr. Ich bin nämlich eine Hexe. Und Sie sind der einzige Automechaniker, der auch Hexenbesen reparieren kann."

Der Automechaniker wird ganz verlegen, als er das hört. Er streckt Betti seine ölverschmierte Hand entgegen. „Ich bin Kurt", sagt er.

Mach es dem Automechaniker nach. Schau so verblüfft du kannst.

Hattest du auch schon mal einen tollen Traum?

„Ich bin Betti", entgegnet die Hexe. Geschwind hext sie Kaffee und Kuchen herbei. Betti und Kurt erzählen sich ihr Leben. Doch dann schaut Betti auf die Uhr. „Jetzt muss ich aber los", sagt sie. „Sonst komme ich zu spät zur Walpurgisnacht." Im Eiltempo erledigt sie mit Hubert alle Einkäufe. Und am Abend fliegt sie auf ihrem Besen schnell wie der Wind um das Feuer. Seitdem bringen alle Hexen ihre Besen in die Autowerkstatt. Zu Kurt, dem besten und einzigen Besenmechaniker der Welt.

Wilder Hexentanz

In der Walpurgisnacht tanzen alle Hexen wie wild. Das macht Spaß! Probiere es mal mit deinen Freunden aus.

So wird's gemacht

Deine Freunde und du seid waschechte Hexen. Ihr tanzt so lange, bis die Musik plötzlich stoppt. In diesem Moment erstarren alle Hexen. Ihr bleibt also bewegungslos stehen. Erst wenn die Musik weiterspielt, seid ihr erlöst und dürft euch wieder bewegen.

Eine Meerjungfrau im Schwimmbad

Gähne auch einmal richtig herzhaft.

Annouk, die Meerjungfrau, sitzt auf einem Felsen im unendlich weiten Meer und schaut aufs Wasser. Von früh bis spät hört sie dem Plätschern der Wellen zu. Das ist ein ziemlich einschläferndes Geräusch. Dauernd fallen Annouk davon die Augen zu. Außerdem ist ihr langweilig. Annouk will unbedingt etwas erleben. Sie überlegt: Was könnte sie nur tun? Mit den Fischen um die Wette tauchen? Am Meeresgrund nach hübschen Muscheln suchen? Annouk gähnt. Das alles hat sie schon tausend Mal gemacht. Plötzlich hat sie eine Idee! An ihrem Felsen fahren doch immer wieder große Schiffe vorüber, und Annouk hat sich schon oft gefragt, wohin die wollen. Das will sie jetzt herausfinden. Sie muss ihnen einfach nur hinterherschwimmen. Annouk ist ganz aufgeregt. In ihrer Unterwasserküche kocht sie ein starkes Gebräu aus Seetang und Algen. Wie das stinkt! Annouk hält sich die Nase zu und trinkt drei große Schlucke. Doch so bleibt sie wach und verpasst kein einziges Schiff. Danach setzt sie sich wieder auf ihren Felsen und hält Ausschau bis zum Horizont. Es dauert drei Tage und drei Nächte, bis ein großes Frachtschiff in ihre Nähe kommt. Annouk springt von ihrem Felsen und schwimmt hinterher. Eine lange Reise beginnt. Das Schiff durchquert das

Meer. Es fährt durch Flüsse und Kanäle, bis es seinen Heimathafen erreicht. Dort legt es an. Annouk schaut sich staunend um. Es ist das erste Mal, dass sie in einem Hafen ist. Nie zuvor hat sie so viele Schiffe auf einmal gesehen! Direkt vor ihr wird ein Kreuzfahrtschiff von mehreren Schleppern gezogen. Ruderboote und Segelschiffe fahren dicht an ihr vorbei. Und am Kai liegen riesige Containerschiffe, die von Kränen beladen werden. Was für ein Trubel! Annouk reibt sich verwundert die Augen.

„Tuut", macht da auf einmal ein Schiff, das direkt auf sie zugefahren kommt. „Hier ist Baden verboten", ruft der Kapitän und

Wie viele Schiffe
siehst du? Zähle!

Weißt du, was ein Schwimmbad ist? Erkläre es Annouk.

Findest du alle Gummikappen?

Zeige Annouk den schnellsten Weg zum Beckenrand!

wedelt mit dem Arm. „Geh mal lieber ins Schwimmbad." Annouk taucht schnell unter. Fast wäre sie umgefahren worden. Als sie wieder auftaucht, sieht sie das Schiff nur noch von hinten. „Was ist das, ein Schwimmbad?", ruft sie dem Kapitän hinterher. Doch der Kapitän ist schon weit weg.

Die Meerjungfrau biegt in einen kleinen Seitenkanal ein. Hier gibt es nur ein paar Enten und Schwäne. Annouk atmet auf. „Gibt es in der Nähe ein Schwimmbad?", fragt sie eine Entenmutter, die mit ihren Küken einen Ausflug macht. „Du hast Glück", sagt die Entenmama. „Am Ende des Kanals ist ein Freibad. Es ist ganz leicht zu finden. Wenn du ein Rohr entdeckst, schwimme einfach hindurch, dann bist du da."

„Danke", sagt Annouk. Sie schwimmt durch den Kanal, bis sie das Rohr erblickt. Dann macht sie sich ganz dünn, schlüpft hindurch und landet in einem großen Wasserbecken. Es ist voller Menschen, die darin schwimmen und planschen. Einige haben bunte Gummikappen auf dem Kopf. Das sieht sehr lustig aus. Aber einen so schönen Fischschwanz wie Annouk hat niemand. Selbst unter Wasser glitzern die Schuppen heller als das Sonnenlicht.

„Mama, im Schwimmbad ist eine Meerjungfrau", ruft Max, der mit seiner Mama am Beckenrand steht.

„Aber Max, Meerjungfrauen gibt es doch gar nicht", sagt seine Mama.

„Entschuldigung", sagt Annouk. „Ist dies hier das Schwimmbad?" Blitzschnell schwimmt sie zum Beckenrand.

„Iiiiih", kreischt die Mutter. „Da ist ein riesiger Fisch im Wasser!"

50

„Das ist doch kein Fisch", sagt Annouk und hebt ihre schillernde Flosse aus dem Wasser. „Das ist mein Fischschwanz."

„Ich sag ja, dass sie eine Meerjungfrau ist!", sagt der Junge.

„Warte, ich hole den Bademeister", ruft seine Mutter.

Max betrachtet die Meerjungfrau. „Du schwimmst richtig schnell", sagt er.

„Selbstverständlich." Annouk lächelt. „Alle Meerjungfrauen können gut schwimmen. Wir leben schließlich im Meer."

„Kannst du mir zeigen, wie das geht?", fragt Max.

Kennst du noch andere Lebewesen, die im Meer leben?

„Na klar", sagt Annouk. „Komm mal ins Wasser!" Als Max' Mutter mit dem Bademeister angelaufen kommt, traut sie ihren Augen nicht. Max, der schrecklich wasserscheu ist, hält sich an der Flosse der Meerjungfrau fest und lässt sich vergnügt durch das Wasser ziehen. „Max hat sich sonst nie ins Wasser getraut", sagt seine Mama.

„Dann will ich die Meerjungfrau mal lieber in Ruhe lassen", brummt der Bademeister. Er hält ein Netz in der Hand, mit dem er Annouk eigentlich aus dem Wasser holen wollte. Jetzt bringt er es schnell in die Gerätekammer zurück. Auch die anderen Kinder haben die Meerjungfrau entdeckt und wollen mit ihr schwimmen. Annouk zieht alle nacheinander durch das Becken. Nebenbei zeigt sie jedem Kind ein paar Schwimmtricks. Als Annouk eine kurze Pause macht, tippt ihr der Bademeister auf die Schulter. „Du bist eine gute Schwimmlehrerin", sagt er. „Hättest du Lust, bei uns zu arbeiten?"

Kannst du auch schon ein bisschen schwimmen? Zeige die Armbewegung.

„Gern", sagt Annouk. „Aber nur in den Ferien, denn eigentlich lebe ich im Meer."

52

„In Ordnung", sagt der Bademeister. „Bleib einfach, so lange du willst. Du kannst auch gern im Schwimmbecken wohnen."
„Super, jetzt habe ich sogar eine Ferienwohnung", sagt Annouk und lacht.

Es sind die schönsten Ferien, die Annouk jemals erlebt hat. Jeden Tag spielt sie mit den Kindern und zeigt ihnen das Schwimmen. Es ist laut, fröhlich und niemals langweilig. Und trotzdem: Nach ein paar Wochen bekommt die Meerjungfrau Sehnsucht. Sehnsucht nach ihrem ruhigen Felsen, mitten im unendlich weiten Meer. Sie spürt, dass ihre Ferien zu Ende gehen. Aber bevor sie sich auf den Heimweg macht, verspricht sie allen Kindern und auch dem Bademeister, im nächsten Jahr wiederzukommen.

Was waren deine schönsten Ferien?

Fang den Flutschball

Im Wasser kannst du natürlich nicht nur schwimmen, sondern auch spielen. Probiere mal dieses Ballspiel aus!

Du brauchst

zwei und mehr Freunde
einen Wasserball

So wird's gemacht

Stellt euch im Wasser in einer Reihe auf. Der Abstand zwischen euch sollte etwa einen Meter betragen. Das ist ungefähr so viel wie ein großer Schritt.

Das Kind, das ganz vorne steht, hält den Ball. Dann reicht es den Ball durch seine Beine hindurch nach hinten an das nächste Kind weiter.

Das letzte Kind nimmt den Ball, läuft durch das Wasser nach vorn und reicht den Ball wieder zwischen den Beinen nach hinten durch.

Klingt einfach, ist im Wasser aber gar nicht so leicht!

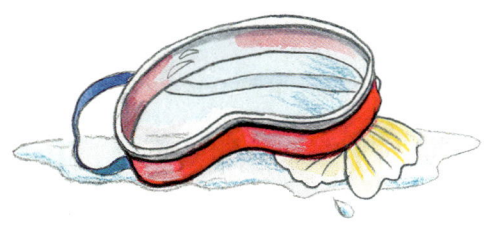

Die Zauberprüfung

„Die Nächste, bitte!" Eine Fee mit Regenschirm schwebt heran und landet knapp neben einer Pfütze. Heute haben die jungen Feen ihre Zauberprüfung. Bei diesem Regenwetter! Die Fee schaut in die Runde. „Mirella?", fragt sie. Mirella zuckt zusammen. Jetzt ist sie an der Reihe.

„Mir nach", ruft die Fee mit dem Schirm und fliegt zurück. Mirella folgt ihr bis ans andere Ende der Wiese. Dort warten die drei weisesten Feen unter einem Schirmpilz auf sie. Da ist es wenigstens trocken. Die drei Feen haben sich knifflige Aufgaben für die

Was würdest du dir von einer Fee wünschen?

Was entdeckst du noch im Gras?

Zauberprüfung ausgedacht. Nur wer sie löst, darf sich Glücksfee nennen und die Wünsche der Menschen erfüllen.

„Bist du bereit?", fragt Desmelda, die Älteste der Feen. Sie hat schneeweißes Haar und ganz runzelige Haut. Auf ihrer Schulter sitzt eine kleine Grille. Mirella nickt. „Es kann losgehen", sagt sie entschlossen.

„Gut", sagt Desmelda. „Dann zaubere uns bitte eine Tröte."

Mirella murmelt etwas, schnipst mit den Fingern – und …

„Falsch!", sagt Desmelda und zeigt auf das Ding, das vor ihr im Gras sitzt. „Das ist keine Tröte, sondern eine Kröte!"

„Verzeihung", sagt Mirella und beugt sich zu der Kröte hinunter, um sie zu streicheln. „Quak", macht die kleine Kröte. Mit einem Satz springt sie auf Mirellas Schulter. „Wie niedlich", sagt Mirella.

„So eine Kröte habe ich mir schon immer gewünscht."

„Versuche es noch einmal", sagt Lili, die Kleinste der Feen, mit hauchzarter Stimme. „Du weißt ja, was du zaubern sollst: eine Tröte!"

Welches ist dein Lieblingstier?

Mirella konzentriert sich, murmelt etwas, schnipst mit den Fingern – und …

Lili schüttelt ärgerlich den Kopf. Sie zeigt auf das silberne längliche Ding, das vor ihr schwebt. „Das ist keine Tröte, sondern eine Flöte!"

Mirella nimmt die Flöte und bläst hinein. Was für einen warmen Klang sie hat. Mirella spielt darauf, und es erklingt eine schöne Melodie.

Als sie die Flöte absetzt, klatschen die weisen Feen Beifall.

„Das war wunderbar", sagt Desmelda. „Spielst du uns noch ein Lied?"

„Gern", sagt Mirella. Sie setzt die Flöte an, und wieder erklingt eine wunderschöne Melodie. Die drei Feen sind ganz verzaubert.

Applaus! Klatsche auch Beifall für Mirella.

„So, und jetzt hätten wir gern die Tröte", sagt Estrella, die Schönste der Feen. Ihre Augen funkeln wie Bernstein, und ihr glänzendes Haar reicht bis zum Boden hinunter. Mirella nickt. Dieses Mal schafft sie es bestimmt! Sie murmelt etwas, schnipst mit den Fingern – und …

„Herrje, das gibt's doch nicht!", ruft Estrella und rauft sich die wunderschönen Haare. „Das ist schon wieder keine Tröte!"

Entdeckst du in deiner Nähe etwas, das rosa, orange oder lila ist?

Einige Tiere nutzen das gute Wetter gleich aus. Welche?

„Äh, nein." Mirella reibt sich verwundert die Augen. „Das ist die Morgenröte."

„Oh, schaut mal", ruft Desmelda. Der Himmel färbt sich in den prächtigsten Farben, in Rosa, Orange und Lila. Und da lässt sich auch schon die Sonne blicken, und es wird endlich wieder warm.

„Wundervoll!" Lili streckt ihre kleine Hand unter dem Schirm-pilzdach hervor. „Es hat aufgehört zu regnen. Der Sommer kommt zurück."

Die drei Feen fassen sich an den Händen und beginnen zu tanzen. Doch Mirella steht daneben und lässt den Kopf hängen. Die Zauberprüfung hat sie ganz schön verpatzt.

„Tja, ich fliege mal los", sagt Mirella und erhebt sich in die Luft. „Auf Wiedersehen."

„Halt", ruft Desmelda. „Wo willst du hin?"

„Ich kann doch keine Tröte zaubern", sagt Mirella und seufzt. „Deshalb werde ich wohl nie eine Glücksfee sein."

„Blödsinn", sagt Lili. „Du bist eine Fee, und du bringst Glück."
Die beiden anderen Feen nicken. Sie murmeln etwas, schnipsen
mit den Fingern und zaubern eine Tröte. Die schenken sie Mirella. Damit sie niemals vergisst, dass sie eine echte Glücksfee ist.

Vorsicht, quietschig!

Sei froh, dass Mirella keine Tröte gezaubert hat. Die macht nämlich
ganz schön Krach. Fast so viel Krach wie dieser Quietschballon.

Du brauchst
einen Luftballon
etwas Puste

So wird's gemacht
Puste den Luftballon auf und lass die Luft entweichen, indem du
die Öffnung auseinanderziehst. Das ergibt ein ziemliches Quiet-
schen.
Viel Spaß!

Der Prinzessinnentag

"Heute bin ich eine Prinzessin", verkündet Elif nach dem Aufwachen. Ihre Jeans und der Pullover bleiben im Schrank. Stattdessen zieht sie ihr rosa Prinzessinnenkleid an, und auf den Kopf setzt sie sich die Krone aus Goldpapier. So kommt sie in die Küche. "Guten Morgen, Papa", sagt Elif. Prinzessinnen haben nämlich sehr gute Manieren. "Guten Morgen, Elif", sagt Papa. Er deckt gerade den Frühstückstisch. "Hast du gut geschlafen?"

"Ich bin doch nicht Elif", sagt Elif. "Ich bin eine Prinzessin."

"Oh, Verzeihung", sagt Papa. "Prinzessin, möchtest du ein Ei?"

"Aber nur ein goldenes", sagt Elif und setzt sich an den Tisch.

Papa schaut in den Topf. "Du hast Glück, ein letztes goldenes ist noch da." Vorsichtig fischt er das einzige braune Ei unter den weißen hervor und steckt es in Elifs Eierbecher.

Elif löffelt ihr Ei. So ein goldenes Ei schmeckt wirklich besonders gut. "Hmm!"

"Beeilst du dich bitte ein bisschen, Elif?", sagt Papa. Ungeduldig schaut er zur Uhr.

"Papa!" Elif schüttelt den Kopf. "Ich bin doch eine Prinzessin."

"Ach ja", sagt Papa und legt eine Banane in Elifs Frühstücksdose. "Prinzessin, zieh dich schon mal an. Ich fahre mit der Kutsche vor."

Wie viele Kronen entdeckst du in der Küche?

Welches Obst liegt noch in Elifs Dose?

„Okay", sagt Elif, springt vom Stuhl, läuft in den Flur und nimmt ihre Jacke vom Haken. Jetzt fehlen nur noch die Schuhe. Elif nimmt natürlich ihre rosafarbenen Lackschuhe, die mit der hübschen Schleife. Die zuzubinden ist gar nicht so leicht, aber dann hat Elif es geschafft.

Vor der Haustür wartet Papa schon neben dem Fahrrad auf sie. „Wenn du jetzt bitte in die Kutsche einsteigst, Prinzessin", sagt er. „Die Krone müsstest du während der Fahrt allerdings gegen deinen Helm tauschen."

Elif setzt sich auf den Kindersitz hinter Papa. Und schon geht die Fahrt los. Sie radeln durch die Stadt, und Elif winkt allen Leuten zu.

Sei auch eine Prinzessin und winke huldvoll.

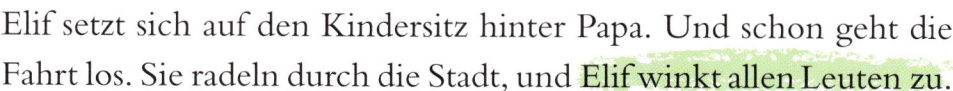

Findest du heraus, wo sich ein Kind versteckt?

Hattest du auch schon einmal schlechte Laune?

Entdeckst du die Bauklötze?

Genau so machen echte Prinzessinnen es auch. Das hat Elif schon mal im Fernsehen gesehen. Als Papa mit dem Fahrrad vor der Kita hält, ist die Kutschfahrt zu Ende.

„Tschüss, Papa", sagt Elif und gibt ihm einen Kuss.

„Tschüss, Prinzessin."

Elif betritt ihren Gruppenraum. Fast alle anderen Kinder sind schon da. Elif bleibt verblüfft stehen. In der Puppenecke spielt Laura. Aber es ist nicht die normale Laura. Laura trägt heute ein blaues Prinzessinnenkleid! Genau wie Elif. Und eine goldene Krone hat sie auch. Schnell setzt sich auch Elif ihre Krone wieder auf den Kopf. Auf einmal hat sie ganz schlechte Laune. Heute ist doch *ihr* Prinzessinnentag und nicht Lauras.

„Hallo, Elif", sagt Sandra, die Erzieherin. „Schön, dass du da bist."

„Nein, nicht Elif." Elif verschränkt die Arme. „Ich bin eine Prinzessin, das sieht man doch!"

Aber Sandra ist schon wieder weg. Lasse hat sich den Finger geklemmt und braucht ein Pflaster. Elif hat überhaupt keine Lust, in die Puppenecke zu gehen. Stattdessen setzt sie sich neben Hanna, die mit Bauklötzen spielt. „Hilfst du mir, ein Haus zu bauen?", fragt Hanna.

„Kann es auch ein Schloss sein?", fragt Elif. „Ich bin nämlich eine Prinzessin."

„Nö", sagt Hanna. „Ich will lieber ein Haus und einen Pferdestall bauen."

„Na gut", sagt Elif und setzt einen Stein auf den anderen. Aber das macht überhaupt keinen Spaß, denn Hanna redet die ganze Zeit nur von den Pferden, die im Stall wohnen sollen. Elif findet das blöd. Soll Hanna doch allein mit den Bauklötzen bauen, wenn sie nicht mit ihr Prinzessin spielen will. Elif steht auf und geht in den Nebenraum. Dort toben Finn und Lisa und spielen Tiger: Lisa hebt ihre Tatze: „UUUAAHH!"

Finn faucht gefährlich: „Elif, wir haben HUUUNGEEEER!"

„Hast du keine Augen im Kopf?", sagt Elif. „Ich bin eine Prinzessin, das sieht man schon an meiner Krone." Doch da fauchen die Tiger nur noch mehr.

Jemand tippt Elif an die Schulter. Es ist Mattis, und er überreicht ihr einen Zettel. Elif faltet ihn auseinander. Es ist eine Tasse daraufgemalt. „Das soll ich dir von Prinzessin Laura bringen", sagt Mattis. „Sie lädt dich zum Tee ein."

Fauch auch
einmal!

„UUUUOOOH, bring uns was zum Fressen!", fauchen die Tiger.
„Später vielleicht", sagt Elif und lächelt. „Jetzt gehe ich erst mal
zum Prinzessinnen-Tee." Sie faltet den Zettel zusammen und rückt
ihre Krone zurecht. Als Elif in der Puppenecke ankommt, ist der
Tisch mit dem Puppengeschirr schon gedeckt. Prinzessin Laura
macht zur Begrüßung einen Knicks. „Willkommen auf meinem
Schloss, Prinzessin Elif."

Auch Elif macht einen Knicks. „Prinzessin Laura, ich habe mich
so über die Einladung gefreut." Dann setzen sich die beiden Prinzessinnen und trinken Tee. Später bauen sie ein zweites Schloss,
kämpfen gegen wilde Tiger und kaufen sich schöne Pferde. So
einen Prinzessinnen-Tag kann man nämlich zu zweit ganz könig-
lich genießen.

Mach auch einen
Knicks wie eine
Prinzessin.

Eine goldene Krone für eine Prinzessin

Möchtest du auch einmal eine Prinzessin sein? Dann bastel dir eine Krone! Bitte einen Erwachsenen, dir dabei zu helfen.

Du brauchst

Glanzpapier
einen Bleistift
ein Lineal
eine Schere
einen Klebestift
ein Gummiband

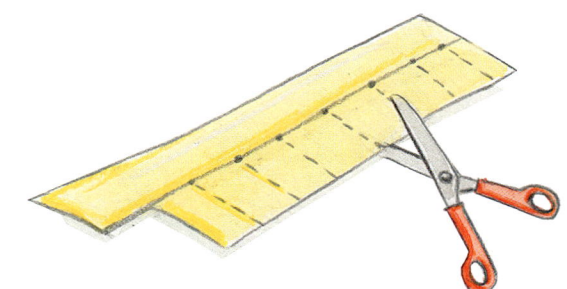

So wird's gemacht

Schneide aus dem Glanzpapier einen ca. 50 cm x 14 cm langen Streifen aus.

Zeichne eine waagerechte Linie im Abstand von etwa 4 cm zum oberen Rand.
Markiere die untere Linie alle 4 cm mit einem kleinen Strich und schneide das Papier von oben bis zu diesem Strich ein.
Schneide in das eine Ende des Glanzpapiers eine Ecke, damit du die Krone später zusammenkleben kannst.

Drehe das Papier um und falte die abstehenden Streifen zu Kronenspitzen.

Klebe die Krone an den Enden zusammen.

Mache zwei Löcher in die Krone und ziehe ein Gummiband hindurch.

Wenn du magst, kannst du auf die Krone auch noch Juwelen malen oder aus farbigem Papier basteln und darauf kleben.

Im Reich der Feen

Ben legt seinen Milchzahn unter das Kopfkissen. Heute Nacht kommt ganz sicher die Zahnfee. So wie immer, wenn er einen Milchzahn verloren hat. Die Zahnfee schnappt sich den Zahn und legt ihm dafür ein kleines Geschenk hin. Ben hat die Zahnfee noch nie gesehen. Klar, wenn sie kommt, schläft er ja auch schon tief und fest. Seine Schwester Luisa sagt, dass Mama die Zahnfee ist. Das kann Ben nicht glauben. Und wenn sie doch recht hat? In dieser Nacht will Ben wach bleiben und nur so tun, als ob er schläft. Dann wird er ja sehen, wer den Zahn wegnimmt. Ben legt sich in sein Bett und schließt die Augen. Er wartet. Und wartet und wartet. Irgendwann schläft er doch ein. Aber als er ein Zupfen an seinem Kopfkissen spürt, ist er sofort wach. Direkt neben seinem Kopf sitzt etwas Winzigkleines mit Flügeln. Ben beobachtet es aus den Augenwinkeln. „Hei", sagt Ben. „Bist du etwa die Zahnfee?"
Die Zahnfee dreht sich erstaunt nach ihm um.
Ben reißt die Augen auf. Eine Zahnfee, das ist doch eine kleine feine Dame mit langen Locken und einem Zauberstab – so hat Ben sie sich zumindest vorgestellt. Aber diese Fee hat strubbelige, kurze Haare, trägt ein Ringelshirt – und ist ein Junge!

War die Zahnfee auch schon mal bei dir?

Schau dir die Zahnfee genau an. Was fällt dir auf?

Und der klemmt sich gerade Bens Zahn unter den Arm und klettert damit auf den höchsten Zipfel der Bettdecke. So, als besteige er einen Berg. Von dort oben kann er alles bestens sehen. „Ich bin ein Feenjunge", sagt er. „Und mein Name ist Oskar."

„Hallo", sagt Ben. „Ich heiße Ben."

„Das weiß ich", sagt Oskar. „Bei dir war ich schon öfter." Ben betrachtet den Feenjungen. Er kann immer noch nicht so recht glauben, dass der kleine Kerl seine Zahnfee sein soll.

„Ich wusste gar nicht, dass es auch Jungs bei den Feen gibt", sagt Ben.

„Nicht?", fragt Oskar. „Das weiß doch jedes Kind."

Ben überlegt, was er sagen soll. Schließlich meint er: „Die Fußballsticker neulich waren übrigens klasse."

Hast du schon mal was von einem Feenjungen gehört?

„Klaro", sagt Oskar. „Von Fußball verstehe ich nämlich was."

Ben hebt vorsichtig das Kopfkissen an. „Und was hast du mir heute mitgebracht?"

Oskar wird ein bisschen rot. „Dein Geschenk habe ich leider vergessen. Aber wenn du willst, hole ich es schnell."

„Wohnst du denn in der Nähe?", fragt Ben.

Oskar nickt und zeigt auf ein kleines Mauseloch in der Wand. „Dahinter liegt mein Feenreich. Komm mit, ich zeige es dir."

„Ich weiß nicht", sagt Ben. „Durch das Loch passe ich niemals durch."

„Dann pass mal auf", sagt Oskar. Er zieht einen Zauberstab aus der Hosentasche hervor und schwenkt ihn dreimal in der Luft. Schwupps, schon ist Ben so klein wie ein Däumling.

Entdeckst du das Mauseloch noch vor Ben?

Klein wie ein Däumling? Zeige mal, wie groß dein Daumen ist.

„Mir hinterher!", ruft Oskar und erhebt sich in die Luft.

„Aber wie denn?", fragt Ben. „Ich kann doch gar nicht fliegen!"

„Klar kannst du das", sagt Oskar. Und in diesem Moment fliegt Ben auch schon los. Auf dem Rücken hat er zwei große Flügel. Er fliegt eine Schleife über seinem Bett. „Hurra!", ruft er. „Das macht Spaß." Oskar und Ben sausen durch das Zimmer. Sie fliegen um die Lampe herum und landen auf dem Schrank. Von dort geht es weiter zum Fenster, und danach rutschen sie an dem Vorhang runter. Das machen sie ungefähr hundertvierundzwanzig Mal. Es ist super mit Oskar, findet Ben. Sie spielen zusammen wie beste Freunde. „Komm mit", sagt Oskar und fliegt zum Mauseloch. Er lässt sich auf alle viere fallen und krabbelt vorweg. Ben hinterher. Am anderen Ende des Mauselochs liegt eine Landschaft mit Hügeln, Wäldern und einem wunderschönen Schloss. Überall stehen alte Bäume, in denen kleine Geschenke hängen.

„Das ist für uns Zahnfeen", erklärt Oskar. „Wenn wir zu euch Kindern fliegen, pflücken wir einfach etwas Schönes für euch ab."

Fahre mit dem Finger über das Blatt und zeichne die Schleife nach.

Dann schnipst er mit dem Finger. Und schon kommt eine Kutsche angeflogen. Sie wird von acht geflügelten Pferden gezogen. Oskar öffnet Ben die Tür. „Steig ein, wir reisen direkt zum Schloss", sagt er. Sie fliegen über das Land, das von oben ganz klein aussieht. Feen sausen an ihnen vorbei, einige winken Ben fröhlich zu. „Ui, ist das toll hier!", sagt Ben und winkt zurück.

„Warte, bis du in mein Schloss kommst", sagt Oskar. „Meine Mutter, die Feenkönigin, liebt Besuch." Ben kann es gar nicht schnell genug gehen. So etwas Aufregendes hat er noch nie erlebt! Erst lernt er einen neuen Freund kennen, und nun besucht er auch noch eine Feenkönigin. Es ist wie im Traum.

„Wir sind da", ruft Oskar. Die Kutsche bleibt stehen, mitten in der Luft. Ein Diener öffnet die Tür, und die beiden Jungen steigen aus. Sie stehen auf dicken, weichen Wolken.

Kannst du das auch? Schnipse mit dem Finger

Wie viele Feen sind unterwegs?

Ben fühlt sich ganz leicht. Oskar nimmt Ben an die Hand, und gemeinsam fliegen sie zum Schlosseingang.

„Oskar, wo warst du so lange?", fragt die Feenkönigin. Sie ist sehr hübsch und hat rabenschwarze Haare. Ihr langes Kleid ist silbern, und es sieht unfassbar kostbar aus. „Oh, du hast Besuch mitgebracht. Das ist aber schön. Ist das ein Menschenjunge?"

„Das ist mein Freund Ben", sagt Oskar. „Ich wollte ihm mal mein Zuhause zeigen."

„Willkommen im Feenreich, lieber Ben", sagt die Feenkönigin. „Ich hoffe, du wirst dich wohlfühlen bei uns."

„Ganz bestimmt", sagt Ben. „Aber ich muss bald zurück. Sonst bekommt meine Mama einen Schreck, wenn ich morgen früh nicht in meinem Bett liege."

„Tut mir leid." Die Feenkönigin schüttelt den Kopf. „Du kannst nicht nach Hause. Alle Menschenkinder, die uns besuchen, müssen für immer bei uns bleiben. Das ist ein uraltes Feengesetz."

Ben schluckt, und er spürt, wie ihm dicke Tränen in die Augen

Würdest du gerne im Feenreich leben?

steigen. „Das geht aber nicht!", sagt er. „Ich will zurück zu meiner Mama und zu meinem Papa und zu meiner Schwester."

„Keine Angst, du wirst es schön bei uns haben", sagt die Feenkönigin und schenkt ihm ein honigsüßes Lächeln. Dann wendet sie sich an ihren Sohn. „So, und nun hätte ich gerne den Milchzahn." Sie hält Oskar die Hand hin.

Lächle auch einmal honigsüß.

„Ach herrje." Oskar wird rot. „Den habe ich irgendwo vergessen."

„Das darf doch nicht wahr sein!", schimpft die Feenkönigin. „Du bist wirklich der vergesslichste Junge, den es im ganzen Feenreich gibt. Also los, bring den Zahn schleunigst hierher!"

Oskar und Ben fliegen in den Schlossgarten. „So ein Mist", murmelt Oskar. „Ich muss den Zahn irgendwo liegen gelassen haben."

„Mhm." Ben nickt. „Ich glaube, ich weiß sogar, wo."

„Echt?", fragt Oskar. „Bitte sag es mir!"

„Irgendwo in meinem Zimmer", sagt Ben. „Wenn ich dort bin, fällt es mir bestimmt wieder ein. Am besten nimmst du mich mit, dann helfe ich dir bei der Suche."

„Das würdest du machen?", fragt Oskar. „Du bist aber nett. Auf geht's!" Und schon fliegen die beiden Jungen wieder los. Ben ist sehr erleichtert, als er durch das Mäuseloch krabbelt und wieder in seinem Zimmer ist. Da gibt nur noch ein kleines Problem. „Könntest du mich wieder groß zaubern?", fragt er den Feenjungen. „Dann finde ich mich besser in meinem Zimmer zurecht."

Hat dir auch schon mal jemand geholfen?

„Wenn du meinst", sagt Oskar und schwenkt dreimal den Zauberstab. Und schwupps, ist Ben wieder ein ganz normaler Junge. Oh, wie froh er darüber ist!

Entdeckst du den Milchzahn?

Errätst du, weshalb Ben den Stein vor das Mauseloch schiebt?

„Und?", fragt Oskar. „Wo ist der Milchzahn jetzt?"

„Lass mich mal kurz überlegen", sagt Ben. Er steigt auf einen Stuhl und sucht den Schrank ab. Da ist er ja, der Milchzahn. Ben umschließt ihn fest mit der Hand und steigt vom Stuhl. Er geht zu seinem Regal. Dort hat er alle seine Sammelsachen vom letzten Strandurlaub untergebracht. Ben sucht sich einen großen Stein aus und nimmt ihn in die andere Hand. „Was machst du denn da?", fragt Oskar aufgeregt und fliegt um Bens Kopf herum. „Hast du den Milchzahn gefunden?"

„Ja, das habe ich", sagt Ben. Er kniet sich vor das Mauseloch und schiebt den Milchzahn hindurch. „Da, hol ihn dir!" Oskar fliegt sofort hinterher. Und sobald der Feenjunge im Mauseloch verschwunden ist, schiebt Ben den dicken Stein davor. Nun kann

Oskar nicht mehr zurück in Bens Zimmer und ihn ins Feenreich holen.

Ziemlich müde, aber erleichtert, klettert Ben in sein Bett. Sofort schläft er ein. Er wacht erst wieder auf, als ihn seine Mama sanft am Arm rüttelt. „Du hast aber fest geschlafen", sagt sie und gibt ihm einen Kuss. Ben drückt sie ganz fest. Aufgeregt erzählt er ihr, was in der Nacht passiert ist. „Da bin ich aber froh, dass du wieder hier bist", sagt Mama. „Wie bist du überhaupt dorthin gekommen?"

„Durch das Mauseloch", sagt Ben und steigt aus dem Bett, um es seiner Mama zu zeigen. Aber da ist kein Loch. Nicht mal ein winzig kleines, durch das eine Ameise passen würde. Mama streicht Ben über das Haar. „Alles ist gut", sagt sie. „Das war nur ein Traum. Und die Zahnfee, die ich kenne, will dich bestimmt nicht von uns weglocken." Die Zahnfee! Schnell läuft Ben zurück zu seinem Bett und schaut unter das Kopfkissen. Da liegt ein neues Spielzeugauto für ihn. Jetzt ist Ben ganz sicher, dass er nur geträumt hat. Denn Oskar ist der vergesslichste Junge im ganzen Feenreich.

Wie sieht die Zahnfee aus?

Wie stellst du dir die Zahnfee vor? Male ein schönes, buntes Bild von ihr.

10 Tipps zum Vorlesen

1 **Es sich gemütlich machen.** Schaffen Sie für sich und Ihren kleinen Zuhörer eine entspannte Situation. Bauen Sie zum Beispiel eine eigene Kuschelecke mit Decken, Kuscheltieren und ganz vielen Kissen.

2 **Vorlesen als Ritual.** Rituale vermitteln Kindern Sicherheit, Struktur und Geborgenheit. Machen Sie das Vorlesen zu einem Wohlfühlritual – die Tageszeit ist dabei ganz egal. Wichtig ist aber, dass das Ritual ernst genommen und eingehalten wird.

3 **Noch eine Geschichte!** Lassen Sie ruhig mal Ihr Kind eine Geschichte aussuchen. Die kleinen Bilder im Inhaltsverzeichnis helfen ihm dabei.

4 **Nochmal!** Auch wenn Abwechslung wichtig ist: Kinder lieben Wiederholungen. Sie hören ihre Lieblingsgeschichte gerne ein drittes, viertes oder fünftes Mal.

5 **Haben Sie Spaß beim Vorlesen.** Und Mut zur Schauspielerei. Lassen Sie den grimmigen Riesen mit tiefer Stimme grollen und schimpfen. Das Mäuschen kann hoch und ängstlich sprechen und die Schlange sanft und schmeichelnd. Ein paar Patzer sind da überhaupt nicht schlimm.

6 **Vorlesen heißt sich Zeit zu nehmen.** Lesen Sie den Text in Ruhe vor und machen Sie Pausen. Dann kann Ihr Kind nachfragen, wenn es etwas nicht versteht. Die roten Fragen am Rand bieten Gesprächsanlässe und regen Ihr Kind an, eigene Gedanken zu äußern.

7 **Mehr als Zuhören.** Beziehen Sie Ihr Kind immer wieder spielerisch in die Geschichte ein. Vielleicht kann es der Hexe bei ihrem Zauberspruch helfen oder den Ritter bei seinem Wettrennen anfeuern. Die grünen Ideen am Rand zeigen Ihnen, an welchen Stellen der Geschichte Ihr Kind mitmachen kann.

8 **Kein Vorlesen ohne Bilder.** Schauen Sie sich beim Vorlesen gemeinsam mit Ihrem Kind die vielen tollen Bilder an. Oft gibt es noch etwas Spannendes zu entdecken. Die blauen Fragen verraten Ihnen, wo.

9 **Im Gespräch bleiben.** Mit dem Zuklappen des Buchdeckels muss das Vorlesen nicht vorbei sein. Sprechen Sie mit Ihrem Kind über das Gelesene. Wie fühlen sich wohl die Figuren aus dem Buch? Hat Ihr Kind schon einmal eine ähnliche Situation erlebt?

10 **Eine Geschichte kann noch mehr!** Denken Sie sich zusammen mit Ihrem Kind doch mal ein ganz anderes Ende für die Geschichte aus, oder lassen Sie es ein Bild von der hübschen Prinzessin malen. Zu jeder Geschichte finden Sie dazu eine passende Aktionsidee zum Basteln, Malen, Kochen oder Spielen.

Die schönsten Vorlesegeschichten für die Kleinen – mit vielen farbigen Bildern

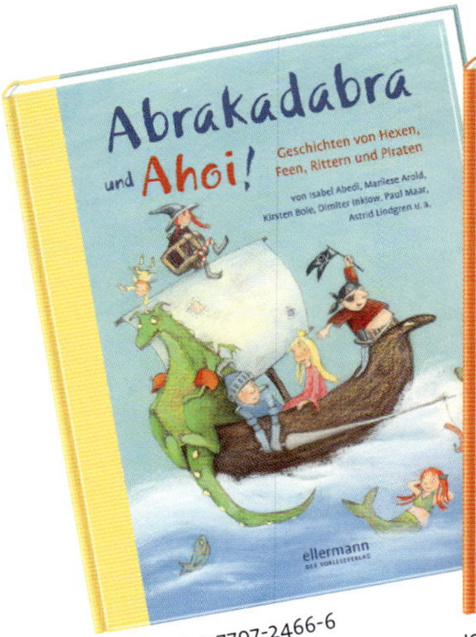
Abrakadabra und Ahoi!
Geschichten von Hexen, Feen, Rittern und Piraten
von Isabel Abedi, Marliese Arold, Kirsten Boie, Dimiter Inkiow, Paul Maar, Astrid Lindgren u.a.
ellermann

ISBN 978-3-7707-2466-6
Ab 4 Jahren

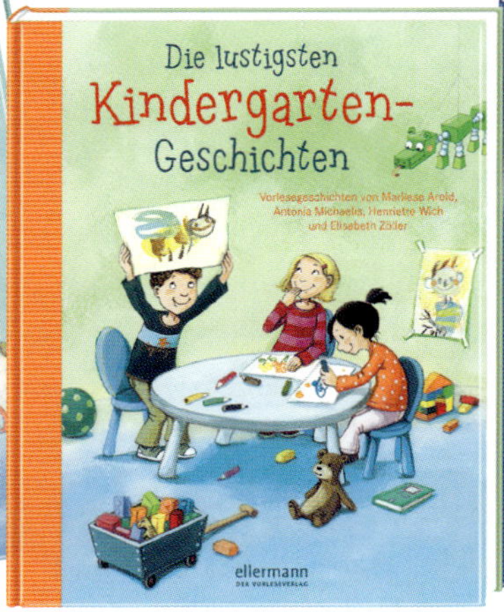
Die lustigsten Kindergarten-Geschichten
Vorlesegeschichten von Marliese Arold, Antonia Michaelis, Henriette Wich und Elisabeth Zöller
ellermann

ISBN 978-3-7707-2470-3
Ab 3 Jahren

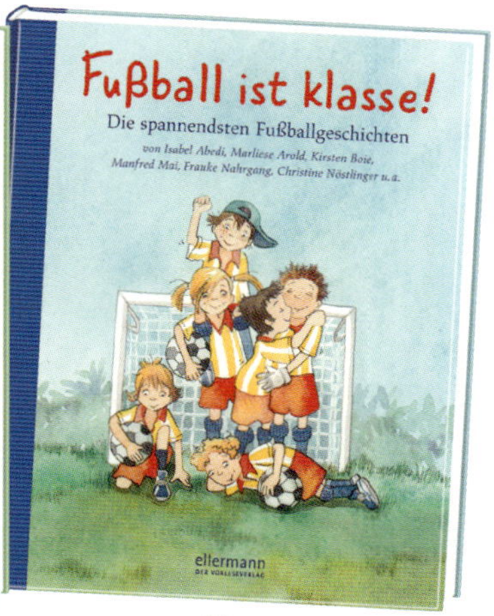
Fußball ist klasse!
Die spannendsten Fußballgeschichten
von Isabel Abedi, Marliese Arold, Kirsten Boie, Manfred Mai, Frauke Nahrgang, Christine Nöstlinger u.a.
ellermann

ISBN 978-3-7707-2467-3
Ab 5 Jahren

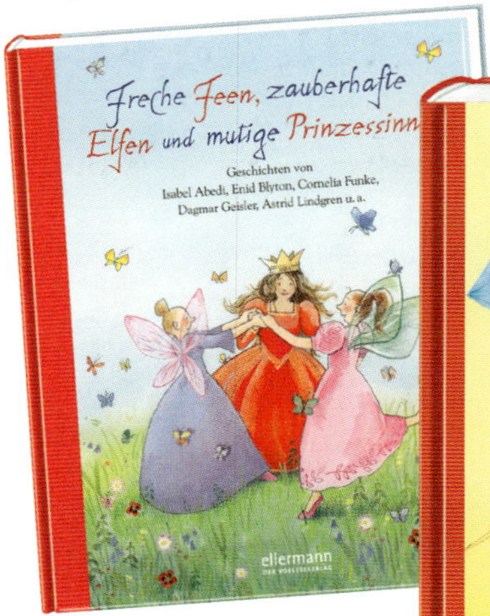
Freche Feen, zauberhafte Elfen und mutige Prinzessinn
Geschichten von Isabel Abedi, Enid Blyton, Cornelia Funke, Dagmar Geisler, Astrid Lindgren u.a.
ellermann

ISBN 978-3-7707-2473-4
Ab 5 Jahren

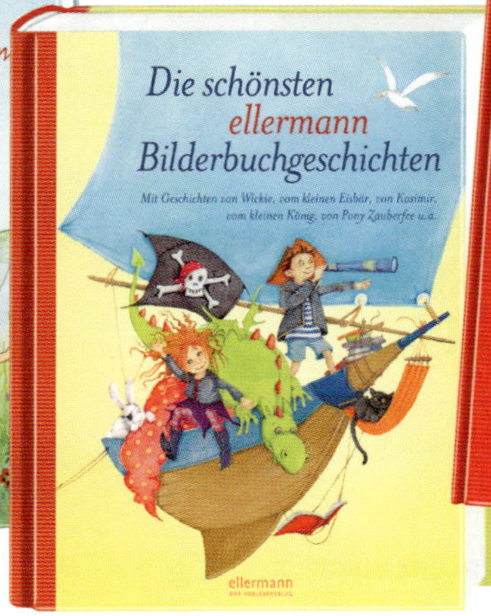
Die schönsten ellermann Bilderbuchgeschichten
Mit Geschichten von Wickie, vom kleinen Eisbär, von Kasimir, vom kleinen König, von Pony Zauberfee u.a.
ellermann

ISBN 978-3-7707-2495-6
Ab 3 Jahren

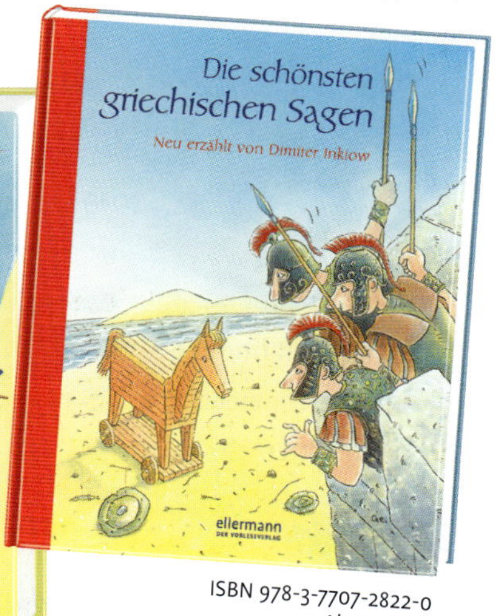
Die schönsten griechischen Sagen
Neu erzählt von Dimiter Inkiow
ellermann

ISBN 978-3-7707-2822-0
Ab 5 Jahren

Weitere Informationen unter **www.ellermann.de**

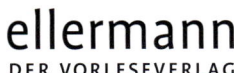

ellermann
DER VORLESEVERLAG

Vorlesen. Mitmachen. Spaß haben!

Ann-Katrin Heger
Wilde Vorlesegeschichten –
Piraten, Ritter, Räuberbanden
Einband und farbige Illustrationen
von Anna Marshall
Ab 4 Jahren · 80 Seiten · ISBN 978-3-7707-2732-2

In diesem spannenden Vorlesebuch über wilde Piraten, mutige Ritter und gefährliche
Räuberbanden findet jedes Kind seine Lieblingsgeschichte.
Lustige Fragen, viele Bilder und kleine Spielanregungen laden zum Erzählen, Entdecken
und Mitmachen ein.

Weitere Informationen unter **www.ellermann.de**

ellermann
DER VORLESEVERLAG

Auf **www.ellermann.de/vorlesen** finden Sie weitere tolle Bücher, Tipps und Ideen. Wir wünschen Ihnen viel Spaß beim Surfen und Vorlesen.